Recursos naturales

Página

¿Qué son los recursos naturales?

Imagina un lugar sin árboles, agua, aire o sol. ¿Crees que podrías vivir ahí? La verdad es que nosotros dependemos de ciertas cosas para satisfacer nuestras necesidades. Se llaman recursos naturales y sin estos, ciertamente no podríamos sobrevivir.

Los recursos naturales pueden ser renovables y no renovables.

Recursos naturales renovables

Los recursos naturales renovables se producen continuamente. Pueden ser reabastecidos o reemplazados naturalmente.

La energía solar es un ejemplo. También se considera inagotable, que significa que nunca se acabará o agotará, a pesar de la cantidad que usemos.

Otros recursos que también son renovables e inagotables son el viento y la energía del agua.

¿Alguna vez has visto los molinos de viento o de agua?

El viento produce energía eléctrica que se usa
en casas, escuelas y otros edificios.

Observa estas turbinas
de viento. Muchos
países obtienen energía
eléctrica de ellas.

5

El agua no es sólo para beber. Los cuerpos de agua son recursos que nos dan una gran variedad de alimentos.

El agua también se usa para crear energía eléctrica.

Los suelos son recursos renovables muy útiles.

Los agricultores usan los suelos para sus cultivos.

La arena se usa para hacer vidrio.

La arcilla se utiliza para fabricar ladrillos.

Algunos recursos renovables dependen de otros para crecer y reproducirse.

Los árboles obtienen agua y nutrientes de los suelos.

Las plantas necesitan energía solar para generar su alimento.

Recursos naturales no renovables

Los recursos naturales no siempre son usados de manera apropiada. Esto pasa porque hay quienes creen que tenemos suficientes y que nunca se van a agotar. En realidad, algunos recursos no se producen de manera continua. Hay una cantidad fija y tan pronto se agoten, les tomará muchos años reproducirse. A este tipo de recursos naturales se les conoce como no renovables. Algunos ejemplos incluyen el petróleo y el gas natural.

El petróleo se usa para hacer combustibles para los automóviles, autobuses, camiones, barcos, aviones y trenes.

Comúnmente, el gas natural se usa en las casas. La calefacción, la secadora de ropa, el calentador de agua y el horno funcionan con la ayuda del gas natural. ¿Tienes algunos de estos aparatos en casa? ¿Funcionan con gas natural?

Daños a los recursos naturales

Nuestros recursos naturales frecuentemente son amenazados por la contaminación que daña el ambiente.

La basura depositada en lagos,
ríos y océanos perjudica a los
animales y plantas que viven ahí.
Los automóviles en las carreteras producen
humo que ensucia el aire que respiramos.
Esto es dañino para la salud.

Cómo proteger los recursos naturales

Nuestros recursos naturales son importantes y valiosos. Deben usarse con responsabilidad y moderación. Hay maneras de conservar los recursos de la Tierra.

Cierra la llave del agua cuando no la necesites.

Ahorra electricidad apagando las luces, el televisor y la radio cuando no se están usando.

Cuando sea posible, camina o usa tu bicicleta en lugar del automóvil. Esto ahorra gasolina y evita la contaminación.

La energía solar es otra manera de reducir el uso de los recursos naturales no renovables.

Todos somos responsables de proteger el planeta. ¿Qué podrías hacer tú para ayudar?

Glosario

conservar: mantener algo o cuidar de alguna pérdida, decaimiento o desgaste.

contaminante: material que causa daño al aire, agua y suelos. La basura y los deshechos industriales son contaminantes.

energía solar: energía del sol que es utilizada para calentar o para generar electricidad.

mineral: material encontrado en la naturaleza que está hecho de sustancias inorgánicas, o no vivas. No es vegetal, ni animal.

oxígeno: gas sin color que se encuentra en el aire. Los seres humanos y los animales lo necesitan para respirar.

recurso natural: material encontrado en la naturaleza que es necesario o útil para el desarrollo de los seres vivos.